Jörg Andres

Insel Helgoland

Die »Seefestung« und ihr Erbe

ORTE DER GESCHICHTE
CH. LINKS VERLAG

Die Reihe »Orte der Geschichte« wird herausgegeben von Martin Kaule.

Alle aktuellen Fotos, sofern nicht gesondert ausgewiesen, stammen vom Herausgeber. Bundesarchiv: S. 32 (101II-MW-5446-03A/Andres), 60 (Bild 183-2011-0706-500/Kröncke-[Engelke]); Museum Helgoland: S. 54; Museum Helgoland/Archiv Schensky: S. 9, 11, 13, 16, 17, 18, 19, 23, 24, 27, 28/29, 31, 34, 37, 41, 42, 45, 49; Sammlung Martin Kaule: S. 20; Ullstein-Bilderdienst: S. 7, 12, 47; Christopher Volle: vordere Umschlaginnenseite

Die Deutsche Nationalbibliothek verzeichnet
diese Publikation in der Deutschen Nationalbibliografie;
detaillierte bibliografische Daten sind im Internet über
www.dnb.de abrufbar.

1. Auflage, September 2014

Schönhauser Allee 36, 10435 Berlin,
Tel.: (030) 44 02 32-0
www.christoph-links-verlag.de;
mail@christoph-links-verlag.de
Umschlag vorn: Luftbild der Insel Helgoland, 2005
(Pegasus2, überarb. von Sioux, http://de.wikipedia.org/wiki/Datei:Helgoland_Vogelperspektive_sx.jpg, CC BY-SA 3.0);
hinten: Flotte im Kriegshafen, um 1915
(Museum Helgoland/Archiv Schensky)
Satz: Agentur Marina Siegemund, Berlin
Lektorat: Dr. Stephan Lahrem, Berlin
Druck und Bindung: Freiburger Graphische Betriebe, Freiburg

ISBN 978-3-86153-770-0

Inhaltsverzeichnis

Einleitung

Die Insel Helgoland ist eine imposante Erscheinung. Ein gewaltiger roter Felsen, der mehr als 50 Meter aus dem Meer ragt, ein knapp ein Quadratkilometer großes Felsplateau mit schroffen Klippen, ein Solitär, rund 70 Kilometer vor der Elbmündung in der Nordsee gelegen. Trotz der Abgeschiedenheit und der relativ geringen Fläche ist die Insel seit der Jungsteinzeit besiedelt.
Historische Bedeutung erlangte Helgoland Anfang des 19. Jahrhunderts, als der französische Kaiser Napoleon seinen Herrschaftsanspruch ausdehnen wollte und eine Kontinentalsperre gegen England verhängte. Damit sollte der Warenverkehr zwischen den Britischen Inseln und dem europäischen Kontinent unterbunden werden. Daraufhin besetzten die Briten 1807 Helgoland, richteten auf der Insel riesige Warenlager ein und bauten sie zum damals größten Schmugglernest aus. Tausende von Schiffen verkehrten heimlich mit dem Kontinent und bescherten Helgoland eine kurze Blütezeit. Nach dem Sieg über Napoleon und durch den Kieler Vertrag mit Dänemark und Schweden wurde die Insel 1814 britische Kronkolonie.
Ein gutes Jahrzehnt später, im Jahr 1826, wurde Helgoland ein Seebad, das sich bis ins 20. Jahrhundert hinein großer Beliebtheit erfreute. Auch heute kommen noch zahlreiche Badegäste und vergnügen sich vor allem auf Düne, der kleinen Nachbarinsel Helgolands, die 1720 in einer Sturmflut vom Felsen getrennt wurde. Längst legendär sind die Butterfahrten, die Ende des 20. Jahrhunderts Hunderttausende von Besuchern zum zollfreien Einkauf auf die Insel lockten.

Ehemaliger »Peilstand-Süd« des ausgebauten Kriegshafens, hinten: die »Lange Anna«

Solche Kontinuitäten lassen leicht vergessen, dass Helgoland viele Jahrzehnte lang sehr stark von seiner militärischen Nutzung geprägt war. Kaiser Wilhelm II. hatte viel darangesetzt, Helgoland ins Deutsche Reich zu holen. Nachdem dies 1890 im Helgoland-Sansibar-Vertrag gelungen war, ließ er die Insel umgehend zur »Seefestung« ausbauen. Große Teile wurden militärisches Sperrgebiet und damit dem zivilen Leben entzogen. Im Ersten Weltkrieg weitgehend ignoriert, danach demilitarisiert, wurde die unter den Nationalsozialisten erneut ausgebaute Festungsinsel durch einen verheerenden alliierten Großangriff am 18. April 1945, wenige Wochen vor Kriegsende, völlig zerstört.
Für die vom Deutschen Reich forcierte Militarisierung ihrer Insel haben die Helgoländer einen hohen Preis zahlen müssen: Evakuierung, Plünderung und Zerstörung ihrer Heimat. Von dieser Geschichte Helgolands als »Seefestung« und ihren Folgen handelt das vorliegende Buch, gerade weil von den militärischen Anlagen nur noch wenig zu sehen ist.

Die Geschichte der Insel Helgoland

Von der Badeinsel zum militärischen Vorposten (1890 – 1918)

Nachdem der umtriebige Schiffszimmerermeister Jacob Andresen Siemens drei Jahre lang mit seinem Konzept einer Seebadeanstalt bei Helgoländer und Hamburger Investoren vorgesprochen und dafür geworben hatte, waren sie schließlich überzeugt. Mit ihrem Geld konnte er eine Aktiengesellschaft zum Betrieb einer Badeanstalt gründen, und Helgoland wurde 1826 Seebad. Mit nur sechs Badekarren und 100 Gästen startete man in die erste Saison. Nach einigen schwierigen Anfangsjahren fanden sich namhafte Fürsprecher für das Seebad, und immer mehr Intellektuelle kamen zum Urlaub und genossen die Freiheit des Denkens auf der britischen Insel, unter ihnen Heinrich Heine und August Heinrich Hoffmann von Fallersleben, der 1841 dort das »Lied der Deutschen« schrieb.

Helgoland wurde unter britischer Flagge zu einem bedeutenden Seebad ausgebaut. Es entstanden neue Häuser und Hotels, die Infrastruktur wurde verbessert; auf dem Unterland, einem schmalen, dem Fels vorgelagerten Küstenstreifen, wurde 1830 eine Spielbank eingerichtet und 1865 ein Theater gebaut. Der 1885 eröffnete erste Fahrstuhl zum Oberland machte es wesentlich leichter, auf das 50 Meter hoch gelegene Felsenplateau zu gelangen. Ein regelmäßiger Seebäderdienst wurde eingerichtet, und so kamen 1886 schon mehr als 8000 Badegäste nach Helgoland.

Das wirtschaftliche Aufblühen war jedoch nicht der Grund dafür, dass die Insel Begehrlichkeiten bei den Deutschen weckte. Die deutschen Regierungen hatten von Anfang an nur den möglichen militärstrategischen Nutzen Helgolands im Sinn. Schon während der Revolution von 1848/49 gab es erste Überlegungen, Helgoland zu erwerben und dort einen deutschen Kriegshafen aufzubauen. Im Deutsch-Französischen Krieg 1870/71 ließ Reichskanzler Bismarck den britischen Botschafter sondieren, ob dessen Regierung nicht gewillt sei, die Insel im Falle eines deutschen Sieges etwa gegen eine französische Kolonie zu tauschen. Doch die Briten hatten zunächst kein Interesse an solchem Handel. Gleichwohl formierte sich in Deutschland eine Bewegung, die immer lauter einen Anschluss der Insel Helgoland an Deutschland forderte. Mit ihrer Propaganda erreichte sie, dass sich das britische Kolonialministerium und Parlament mit dieser Frage

Feriengäste auf der Helgoländer Düne; Holzstich um 1885

beschäftigten. In London gründeten sich die »German Sympathizers«, die es unter ihrem Wortführer Earl of Rosebery sehr geschickt verstanden, Stimmung gegen eine teure Kolonie Helgoland zu machen. Das britische Oberhaus lehnte alle Versuche, den Status quo der Insel zu verändern, in den Jahren 1873, 1884 und 1889 ab. Der dann doch erfolgte Meinungsumschwung war nur dem Umstand geschuldet, dass in England ein Krieg mit Deutschland für unwahrscheinlich gehalten wurde. In einer großen Debatte konnten sich schließlich Regierung und Unterhaus gegen die Opposition durchsetzen und Übergabeverhandlungen mit Deutschland einleiten.

Für die eingeborenen Helgoländer sollte sich nicht viel ändern. Ihnen wurden Privilegien eingeräumt: Jeder Helgoländer sollte das Recht haben, sich für England zu entscheiden; alle lebenden Helgoländer waren von der Wehrpflicht für Deutschland ausgenommen; auch die bestehenden heimischen Gesetze sollten unverändert gelten; und die deutsche Regierung verpflichtete sich, den geltenden Zolltarif nicht zu erhöhen.

Mit dem sogenannten Helgoland-Sansibar-Vertrag vom 1. Juli 1890 wurde man sich einig. Das Deutsche Reich gab bestimmte Interessen an afrikanischen Kolonialgebieten und der Insel Sansibar auf, dafür erhielt es Helgoland. Der Vertrag sorgte in der deutschen Öffentlichkeit für heftige Kritik. Man habe eine Badewanne für drei Königreiche bekommen, hieß es, eine Hose gegen einen Hosenknopf getauscht.

Solche Kritik und Häme fochten den jungen Kaiser nicht an. In den Augen Wilhelms II., der dem Deutschen Reich eine neue Weltmachtstellung, insbesondere zur See, verschaffen wollte, verbesserte der Besitz Helgolands Deutschlands militärische

Position erheblich. Nun könne man eine Schutzburg in der Nordsee aufbauen, die sowohl den Kaiser-Wilhelm-Kanal als auch die Zugänge zu Elbe, Weser und Jade sichere.

Nach der Übergabe der Insel: Feldgottesdienst auf dem Oberland in Anwesenheit Kaiser Wilhelms II., 10. August 1890

Am 9. August 1890 übernahmen deutsche Beamte die Verwaltung der Insel, und einen Tag später erfolgte die offizielle feierliche Übergabe Helgolands an das Deutsche Reich. Mehrere tausend Soldaten und Matrosen waren auf die Insel kommandiert, um dem deutschen Kaiser dort mit Geschützdonner und Gottesdienst einen glänzenden Empfang zu bereiten. Wilhelm II. verlas eine Proklamation, in der er den Helgoländern ihre Zugehörigkeit zu Deutschland verkündete. »Das Eiland ist dazu berufen, wie ein Bollwerk zur See zu werden, den deutschen Fischern ein Schutz, ein Stützpunkt für meine Kriegsschiffe, ein Hort und Schutz für das deutsche Meer gegen jeden Feind, dem es einfallen sollte, auf demselben sich zu zeigen.«

Ein Jahr später, am 18. Februar 1891, wurde Helgoland Preußen zugeschlagen. Der preußische Staat kaufte umgehend große Mengen an Land auf, um es militärisch zu nutzen. Wenige Tage später lagen bereits umfangreiche Pläne für den Ausbau Helgolands zur »Seefestung« vor. Am 26. April 1891 meldete das Reichsmarineamt dem Kaiser, die Insel sei gegen feindlichen Handstreich gesi-

chert, und nach Abschluss aller Vorarbeiten konnte im Sommer 1891 mit den Festungsbauten begonnen werden.
Als Erstes wurde die sogenannte Marinemole gebaut und damit sichergestellt, dass das Anlanden von großen Frachtschiffen möglich wurde. Gleichzeitig trieb man in Verlängerung der Mole einen Tunnel zum Oberland durch den Fels, um Baumaterial und Geschütze leichter zu den Baustellen transportieren zu können. An der ehemaligen englischen Kommandantur im Süden des Oberlandes entstand ein mehrgeschossiges unterirdisches Bauwerk mit Mannschaftsunterkünften, Lagerräumen für Munition und Verpflegung sowie einem Lazarett.
Anfang 1892 wurden die ersten 21-cm-Kanonenstände auf der Süd- und Nordspitze der Insel installiert. Die Reichweite dieser Kanonen betrug für die damalige Zeit beachtliche 13 Kilometer. Anschließend errichtete man Batterien für 28-cm-Haubitzen, die über je acht Geschütze verfügten und über Hohlräume miteinander verbunden waren. Ende 1894 war der Ausbau so weit abgeschlossen, dass ein erstes Probeschießen stattfinden konnte. Weitere Arbeiten erfolgten in den kommenden Jahren jedoch nicht mehr, da aufgrund des forcierten Aufbaus der deutschen Flotte die Kassen des Deutschen Reiches und Preußens leer waren. Aus demselben Grund vertagte man schließlich den 1903 begonnenen Versuch, den Felsabsturz an der Westseite mit einer Mauer gegen die Meeresbrandung zu schützen. Nur verbesserte Entfernungsmesser und Kommandeursstände wurden noch gebaut.
1906 gab es dann infolge der Entwicklungen im Militärwesen einen neuen Schub für den Ausbau. Nun plante man in großem Stil und wollte aus Helgoland ein Gibraltar in der Deutschen Bucht machen. Dazu sollten neue 30,5-cm-Doppeltürme anstelle der

Versenkte Geschütztürme (+) auf dem Oberland, 1914

bisherigen 21-cm-Kanonenstände gebaut werden. 17-cm-Doppeltürme wurden zwischen jeweils zwei solcher Geschütze mittig integriert, die Geschütztürme unterirdisch miteinander verbunden. Unter der Erde befanden sich in jeder Geschützgruppe auch Kühlwasserzisternen und Kraftzentralen, die zur Erzeugung der notwendigen Energie mit Generatoren ausgerüstet waren, Lagerstätten für mehrere hundert Schuss Munition, Räume für Offiziere, Unteroffiziere und Mannschaften, Küchen und Vorratsräume sowie Wasch- und Toilettenräume.

Um dieses gewaltige Unterfangen in die Tat umzusetzen, waren Heerscharen von Arbeitern, Ingenieuren, Festungsbauern und

Der deutsche Kaiser Wilhelm II. (4. v. r.) auf der Landungsbrücke der Insel, 1895

Bergbauspezialisten vonnöten. Tausende von zusätzlichen Menschen bevölkerten die kleine Insel mit ihren 2500 Bewohnern und veränderten das Leben der Einheimischen. Zwar waren die Gästezimmer zunächst durch Bauarbeiter und Techniker noch weitgehend ausgebucht, aber die angestammten Badegäste blieben wegen der Bauarbeiten und der Einschränkungen durch die Ausweisung der militärischen Sperrgebiete weg. Als man begann, für die Arbeiter eigene Unterkünfte zu errichten, verschlechterte sich die Auslastung der Hotels und Pensionen.

Im Süden der Insel wurden 20 Hektar Land aufgespült und 35 Hektar Hafenfläche geschaffen, was zum Anlanden und Unterbringen der Baumaterialien notwendig war. Damit ging allerdings ein bedeutendes Hummer- und Austernfanggebiet für immer verloren. Nach dem Ende der schweren Arbeiten erholte sich der Badebetrieb nur langsam, aber schließlich kamen wieder

Blick vom Oberland auf den Kriegshafen; Postkarte, um 1915

mehr Touristen; 1913 waren es schon 30 000 Urlauber und über 100 000 Tagestouristen. Die vielen Besuche des Kaisers waren für sie eine Attraktion, ebenso wie die neuen Gebäude für die Biologische Anstalt Helgoland, der neue Segelhafen, das Theater, das Museum, die Vogelwarte, das neue Kurhaus, ein elektrisch betriebener Fahrstuhl zwischen Unter- und Oberland sowie ein Hallen-Warmbadehaus – wo man ein warmes Bad nehmen konnte, wo es Kabinen zum Duschen und ein Schwimmbecken gab.
Mit Ausbruch des Ersten Weltkrieges war es schlagartig nicht nur mit den Badefreuden vorbei. Bereits am Tag nach dem Kriegseintritt mussten auf Befehl des Inselkommandanten alle Einwohner Helgoland binnen 24 Stunden verlassen. Über 3000 Personen wurden in der darauffolgenden Nacht mit zwei Dampfern nach Hamburg evakuiert, nur rund 80 Fischer durften kurze Zeit später zurückkehren, um die verbliebene Truppe zu versorgen.

Der Schock, über Nacht ihre Heimat verlassen zu müssen, war für die Helgoländer groß, zumal viele in der Folge zum ersten Mal in eine Stadt kamen und dort mit völlig fremden Dingen, wie etwa Straßenbahnen, konfrontiert waren. Aber das Befremden war nicht nur auf ihrer Seite. Die damals siebenjährige Mina Borchers berichtete später, wie sie mit ihrer Mutter in Bremen, wo sie Unterkunft gefunden hatten, in der Tram fuhren und sich wie selbstverständlich auf Helgoländisch unterhielten. Die anderen Fahrgäste seien unruhig geworden und hätten sie angestarrt. Es habe nicht lang gedauert, da sei der Schaffner gekommen und habe erklärt, sie müssten die Straßenbahn verlassen, man werde sie nicht weiterbefördern. Erst als sie ausgestiegen waren, habe ihre Mutter sie aufgeklärt: Die Leute hätten gedacht, sie hätten Englisch gesprochen, sie seien Engländer, Feinde.

Während des Krieges waren bis zu 4000 Mann auf Helgoland stationiert. Es kam jedoch zu keinerlei Kampfhandlungen, sodass die Insel nur als Stützpunkt für die deutschen U-Boote diente. Im Nachhinein erwies sich die Evakuierungsmaßnahme als überflüssig.

Als die Helgoländer nach dem Ende des Krieges zurückkehrten, wartete der nächste Schock auf sie. Die Strände waren noch mit Stacheldraht gesichert, die Treppe zum Oberland war mit schweren Eisengittern versperrt und wurde abends geschlossen. Aber am schlimmsten war es, ihre Häuser und Wohnungen von den eigenen Truppen geplündert und verwüstet vorzufinden. Auch die Hotels und Pensionen waren betroffen, wo die gesamte Leinenwäsche fehlte. Die später gewährte kleine Entschädigung fraß die Inflation auf. Die Helgoländer mussten sich 1918 wieder neu auf ihrer Insel einrichten.

Abrüstung und Bäderalltag (1918 – 1933)

Ein Neuanfang war für die Helgoländer nach ihrer Rückkehr auf die Insel Ende 1918 nicht nur wegen der geplünderten Häuser schwer. Bald darauf meldeten sich ungebetene Gäste an – auch dies eine Folge des Krieges.
Deutschland hatte nicht nur den Krieg verloren, sondern wurde von den Siegern im Versailler Vertrag, der die Friedensbedingungen regelte, mit seinen Verbündeten auch als Alleinschuldiger für den Ersten Weltkrieg benannt. Das Deutsche Reich hatte einen hohen Preis zu zahlen, nicht nur Reparationskosten. Teile des Reichsgebietes (wie Elsass-Lothringen oder das Memelland) mussten ebenso abgetreten werden wie alle Kolonien. Damit von Deutschland kein Krieg mehr ausgehen könne, wurde die Truppenstärke des Heeres auf 100 000, die der Marine auf 15 000 Mann begrenzt, zudem sollten verschiedene Militäranlagen geschleift werden. Dazu gehörte auch die »Seefestung« Helgoland. Laut Paragraf 1, Artikel 115 des Versailler Vertrages vom Sommer 1919 sollte eine umfassende Demilitarisierung der gesamten Insel erfolgen. Alle oberirdischen Festungsbauwerke, alle Tunnel und Bunkerbauten, jede Art von Bewaffnung, die gesamten Hafenanlagen und die großen Schutzmauern sollten vollständig zerstört werden. Die Helgoländer legten Einspruch ein und baten, die Hafenanlagen nicht anzurühren, weil sie sie als Schutz- und Sicherheitshafen für die Fischerei bräuchten. In zähen Verhandlungen konnten sie das schließlich durchsetzen.
Indes landete eine zwölfköpfige englische Besatzungstruppe am 20. Februar 1920 auf Helgoland, um die Demilitarisierung zu überwachen, Desarmierungsarbeiten, die von festlanddeutschen

Überwachung der Demontagearbeiten an einem Panzerturm, 1919

und einheimischen Arbeitern vorgenommen wurden. Einige Engländer ließen auch ihre Familien nachkommen und siedelten für mehrere Jahre ganz auf die Insel über.
Die Briten nutzten die vorhandenen deutschen Munitionsbestände, um den U-Boot-Hafen und den Torpedohafen zu sprengen. Die unterirdischen Bunkeranlagen wurden nicht gesprengt, sondern mit Beton verfüllt oder nur verplombt. Auch hier konnten durch Verhandlungen die harten Versailler Bedingungen aufgeweicht werden. So verfüllte man den Haupthohlgang mit einer Betonmischung im Verhältnis 1:8 statt 1:4 und führte nur alle 10 bis 20 Meter Zerstörungen durch, indem man die Decken des Tunnels zum Einsturz brachte. Der Schrägaufzug wurde bloß an den Zugängen zugemauert, und zwar so, dass noch eine Öffnung in Mannbreite erhalten blieb, der Aufzug also nach wie vor, wenn auch eingeschränkt, genutzt werden konnte.
Militärbauten, die auch zivilen Zwecken dienen konnten, wie Kasernen oder Unterkünfte, ließ man zum größten Teil unberührt.

Rückbauarbeiten an einer Geschützbettung der 30,5-cm-Batterie,1921

Das traf auch auf viele militärische Gebäude zu, die nicht gesprengt werden konnten, weil sie in die Ortschaft eingebunden waren und die zivile Bebauung direkt an die militärische grenzte. So musste für jedes Gebäude ein eigenes Entfestigungskonzept bestimmt werden. Im Dorf konnte nur mit Presslufthämmern und leichten Handwerkzeugen umgerissen und abgetragen werden, während man außerhalb des Ortes schweres Gerät, unter anderem Seilbagger, einsetzte. Alles, was aus Stahl oder Eisen war, wurde mit Schweißbrennern in kleine Transportgrößen zerschnitten und auf das Festland zum Einschmelzen gebracht. Die großen Betonbauten wurden mit Hunderten von Bohrungen für kleine Sprengladungen versehen, die gemeinsam gezündet wurden. Dieses Vorgehen musste wegen des massiven Betons vielfach wiederholt werden.
Die Bevölkerung war mit vielen Zerstörungen auf der Insel nicht einverstanden und beklagte sich über das »Joch des Versailler Vertrages«. Durch die andauernden Entfestigungsarbeiten sah sie

Einweihung des Denkmals für den Seebadgründer Jacob Andresen Siemens, 1926

sich in ihrer Existenz bedroht, durch die Sprengungen wurden Hummerfanggründe zerstört, durch die anderen Arbeiten blieben die Badegäste weg. Nur diejenigen, die beim Zerstörungswerk Beschäftigung und somit Einkommen hatten, fanden sich leichter mit den gegebenen Einschränkungen ab.

Am 30. September 1921 verließ die britische Kommission die Insel. Für die verbleibenden Zerstörungsarbeiten, die noch bis ins darauffolgende Jahr weitergeführt wurden, war ihre ständige Anwesenheit auf Helgoland nicht mehr erforderlich. Obwohl die Alliierten glaubten, alles Notwendige getan zu haben, um eine neuerliche Nutzung der Militäranlagen zu verhindern, sollte sich das nur ein gutes Jahrzehnt später als Irrtum herausstellen.

Der Badebetrieb war schon während der Demilitarisierung ganz allmählich wieder angelaufen und nahm nach deren Ende wieder richtig Fahrt auf. 1919 kamen 11 000 Besucher auf die Insel, 1923 waren es schon 82 000 und 1929 beachtliche 181 000 bei gleichbleibend 2500 bis 3000 Einheimischen. Im Juni des Jahres 1925 hielt sich der junge Physiker Werner Heisenberg zur Linderung seines Heuschnupfens auf Helgoland auf. Die erholsamen Tage in der Nordseeluft brachten nicht nur die erhoffte gesundheitliche

Hindenburg-Denkmal auf dem Helgoländer Oberland, um 1930

Besserung, sondern gaben ihm auch die Ruhe, seine Vorstellungen über eine völlig neuartige Formulierung der Atomtheorie zu präzisieren und seine bahnbrechende Theorie der Quantenmechanik entscheidend voranzubringen. Die Formulierung der Unbestimmtheits- oder Unschärferelation brachte ihm 1932 den Nobelpreis für Physik ein. 75 Jahre nach seiner Entdeckung enthüllte man für Werner Heisenberg auf Helgoland einen Gedenkstein.
1926 feierte die Insel groß »100 Jahre Seebad«, mit Festumzug und Einweihung eines Denkmals für den Seebadgründer Jacob Andresen Siemens. Auch andere erhielten ein Denkmal. Am Sonntag, dem 8. September 1929 wurde auf dem Oberland eine Büste des Reichspräsidenten Paul von Hindenburg auf dem Platz gleichen Namens enthüllt. Mehrere Tausend Menschen reisten mit den Dampfern der Hapag und des Lloyd zur Feierlichkeit an.

Denkmal für den Kolonialpolitiker Carl Peters vor der Biologischen Anstalt, um 1930

Das von den Reedereien gestiftete Denkmal sollte ein Symbol für die enge Verbundenheit Helgolands mit dem Deutschen Reich sein.

Nur ein Jahr später, am 28. September 1930, wurde der Grundstein für ein weiteres, allerdings sehr umstrittenes Denkmal gelegt – für den Kolonialpolitiker Carl Peters. Die 1914 von Karl Möbius geschaffene überlebensgroße Statue sollte ursprünglich in Daressalam (damals Deutsch-Ostafrika, heute Hauptstadt Tansanias) aufgestellt werden. Der Ausbruch des Ersten Weltkrieges und der damit verbundene Verlust der deutschen Kolonialgebiete verhinderten dies. Peters' ungeheure Brutalität gegenüber Afrikanern brachte ihm nicht nur den Spitznamen »Hängepeters« ein, sondern auch ein Disziplinarverfahren, das zu seiner Ablösung als Beamter führte. Bis 1930 ruhte das Denkmal des in Ungnade gefallenen Peters in einem Kaischuppen im Hamburger Hafen. Dann schien der erstarkenden kolonialrevisionistischen Bewegung die Zeit für eine Rehabilitierung von Carl Peters gekommen. Am 3. Juni 1931 wurde sein Denkmal unter großer Beteiligung patriotischer Gruppen und des Kolonialvereins eingeweiht. Es trug die geschichtsklitternde Inschrift: »Dem Vorkämpfer deutscher Kolonialpolitik, dem Begründer von Deutsch-Ost-Afrika Dr. Carl Peters. Aufgrund seiner Taten kam Helgoland 1890 zum Deutschen Reiche.« Kritik an der Aufstellung des Denkmals kam von den bürgerlichen Parteien, doch wurden sie von der Mehrheit der stark deutschnational gesinnten Lokalpolitiker überstimmt.

Sorgen bereitete den Helgoländern ein dramatischer Einbruch des touristischen Geschäfts. In der zweiten Hälfte der 1920er Jahre hatte die Lufthansa erste kommerzielle Flüge nach Helgoland angeboten, und der Norddeutsche Lloyd und die Hapag setzten schnelle Dampfschiffe ein, die es ermöglichten, für nur einen Tagesausflug auf die Insel zu kommen. Kurzfristig kamen so mehr Gäste auf die Insel. Aber sie blieben nicht mehr wochenlang für die Sommerfrische, sondern nur kurz. Die einstige Exklusivität des Badeortes verschwand. Die veränderte Besucherstruktur und die sich in Europa und Deutschland bemerkbar machende Weltwirtschaftskrise sorgten für ein schnelles Ende des Aufschwungs. Bis 1932, also innerhalb von nur drei Jahren, halbierte sich die Besucherzahl beinahe und sank auf nur noch 100 000.

Helgoland unterm Hakenkreuz (1933–1945)

Vor der »Machtergreifung« hatten die Nationalsozialisten auf Helgoland keine größere Rolle gespielt, aber sich doch bemerkbar gemacht. Ende 1928 hatte sich dort eine Ortsgruppe der NSDAP gegründet, die bei den Reichtagswahlen im selben Jahr immerhin 8,8 Prozent der Stimmen erhielt (im Reichsdurchschnitt waren es nur 2,6 Prozent). Ab diesem Zeitpunkt kam es zu antisemitischen Agitationen und Aktionen auf Helgoland. 1930/31 verkündeten einzelne Vermieter, dass ihnen jüdische Gäste nicht willkommen seien, dazu gehörten die Inhaber der Villa Mohr, der Villa Kronprinz und der Pension Georg Friedrichs. Der Gemeindevorsteher verurteilte die noch einzelnen Ausschreitungen, und die Gemeinde betonte, »jüdische Gäste sind wie stets auf unserer Insel willkommen«. Man werde gegen jede Belästigung jüdischer Gäste energisch einschreiten.

Diese Vorfälle standen im Zusammenhang mit den ab 1929 aufkommenden Aktionen gegen die sogenannten Judenbäder. Als »Judenbad« wurden hauptsächlich die mondänen Seebäder bezeichnet, in denen die Reichen und Bessergestellten verkehrten, ein internationales Publikum und darunter viele Personen jüdischen Glaubens. Da ließen sich durch die Nazis Antisemitismus und Ressentiment gut verbinden.

1934 gehörte Helgoland zu den letzten Refugien für jüdische Badegäste. Immer mehr Seebäder und deren Badeverwaltungen wollten das Image des »Judenbades« durch öffentliche antisemitische Aktionen ablegen: »Juden finden keine Aufnahme«, »Israeliten sind nicht erwünscht«, hieß es etwa in den Nordseebädern Baltrum und Wangerooge. Die Insel Borkum warb 1935 gar mit

Antisemitismus auf Helgoland: Transparent an der Landungsbrücke, um 1935

der »rasseformenden Nordseeheilkraft«. Immer öfter wurde »Nichtariern« der Zutritt zu öffentlichen Veranstaltungen und zu Gemeindeeinrichtungen verboten.
Nachdem 1935 die ehemaligen »Judenbäder« Norderney und Heringsdorf vorgeprescht waren, wollte auch Helgoland nicht länger zurückstehen, zumal das internationale Publikum aufgrund der Weltwirtschaftskrise und der antisemitischen Hetze immer weniger geworden war. Auch auf Helgoland wurden antijüdische Schilder aufgestellt, im Großen (quer über die Landungsbrücke) wie im Kleinen (in den Pensionen und Restaurants). Selbst die Sandburgen am Strand wurden mit Hakenkreuzfähnchen geschmückt. Wer da nicht mittat, wurde unter vielstimmigem Gegröle vom Strand gejagt. Anfragen jüdischer Gäste wurden plötzlich mit »Heil Hitler« und dem Vermerk »hauptsächlich von arischen Volksgenossen besucht« beantwortet, und es wurde von einem Besuch dringend abgeraten. Das nationalsozialistische Hetzblatt *Der Stürmer* vermeldete im Sommer 1935: »Heute findet erstmalig Gymnastik am Strande ohne Juden statt und die Gymnastiklehrerin kann den Sport mit ›Heil Hitler‹ eröffnen.«

Hakenkreuzfahnen auf der Helgoländer Seebrücke, 1930er Jahre

Deutschnational gesinnte Gäste verlangten immer wieder, die Kurkapelle solle das antisemitische »Borkumlied« spielen, und sangen es lautstark mit.

In dem Maße, wie das Seebad arisiert wurde, nahmen die politischen Auseinandersetzungen zu. Die liberaleren Kräfte wurden zunehmend an den Rand gedrängt und kriminalisiert. Franz Schensky, weltbekannter Fotograf und Helgoländer Kommunalpolitiker, rasierte sich nach der »Machtergreifung« der Nazis seinen Oberlippenbart ab. Er wolle, sagte er, so lange keinen Bart mehr tragen, wie »ein Herr Hitler« es tue. Später beschimpfte man ihn als »Judenfreund« und warf die Scheiben seines Geschäftes ein.

Die strukturellen Veränderungen, die mit dem Aufstieg und der Etablierung der Nationalsozialisten verbunden waren, machten sich auf der Insel überdeutlich bemerkbar. Was früher ein exklusives Reiseziel für wenige, aber wohlhabende Gäste gewesen war, wurde mit der neuen Zeit immer mehr zu einem Massenbad der

NS-Freizeitorganisation »Kraft durch Freude«. Die Deutsche Arbeitsfront (DAF), die nach dem Verbot und der Zerschlagung der freien Gewerkschaften deren Vermögen und Funktion übernommen hatte, schickte Tausende Touristen auf die Insel, die sich bei Gemeinschaftsverpflegung und Gemeinschaftsunternehmungen als Volksgenossen präsentierten. Diese Gäste trugen – anders als frühere – kaum etwas zum Erwerb der Helgoländer bei.

Wirtschaftlich ging es weiter bergab. Dafür erstrahlte die Insel in neuen Farben. Das Hakenkreuz als Flaggenschmuck ersetzte die grün-rot-weiße Helgolandflagge. Die nationalsozialistischen Institutionen erlebten wie überall in Deutschland auch auf Helgoland regen Zulauf. Sowohl die Wissenschaftler und Angestellten der Biologischen Anstalt Helgoland als auch andere Einheimische traten – vielfach aus Überzeugung – in die NSDAP ein. Andere taten es ihnen aus Angst um ihre Karriere gleich und waren willfährige Mitläufer.

Gegen politische Gegner und Andersdenkende wurde auf der Insel hart durchgegriffen. Einschüchterungen und Gängelungen waren an der Tagesordnung. Als sich viele Helgoländer nach Meinung der Nationalsozialisten nicht genügend an die neuen Verhältnisse anpassten und es an Antisemitismus und propagierter Volksgemeinschaft fehlen ließen, inszenierten sie, allen voran Bürgermeister Karl Meunier, eine Jagd auf willkürlich als Homosexuelle Verdächtigte. Fast jede Helgoländer Familie war betroffen. Schließlich wurden 26 Männer verhaftet, auf der Insel und in Cuxhaven vor Gericht gestellt, verurteilt, in Heime gesteckt oder im KZ umgebracht. Andere wurden erpresst oder nahmen sich das Leben. Danach gab es kein Helgoländer Aufbegehren mehr, die Insel war ein deutscher Vorposten, und Juden waren unerwünscht. Wer auf der Straße offen redete, musste befürchten, denunziert und von der Gestapo abgeholt zu werden. Dennoch gab es vereinzelt noch freie Geister, etwa den Helgoländer Frisör Heinrich Wilhelm Prüß, der in seinem Salon mit den Kunden über alles redete und sich nicht den Mund verbieten ließ. Einer seiner Kunden meldete seine kritischen Äußerungen. Daraufhin wurde Prüß am 8. Oktober 1943 verhaftet, vom Volksgerichtshof in Berlin zum Tode verurteilt und im Zuchthaus Brandenburg-Görden 1944 erschossen.

Das Leben der Helgoländer veränderte sich nicht nur durch die neuen politischen und gesellschaftlichen Verhältnisse, sondern auch durch die Remilitarisierung der Insel. Die Wiederbewaffnungspolitik des »Dritten Reiches« rückte Helgoland wieder in den Blickpunkt der Militärs. Die »Schmach« der »ungerechten« Versailler Verträge sollte auch auf Helgoland getilgt werden. Als vermeintliche Aufräumungsarbeiten getarnt, begann die Marine 1935 die verplombten Stollen zu öffnen. Im Hafen wurden im Sommer 1936 erste Flugzeughallen gebaut, und ab 1938, als die Nationalsozialisten ihre Aufrüstung im Zuge der Kriegsvorbereitung noch einmal forcierten, waren mehr als 10 000 Soldaten, Arbeitskräfte und Marinebedienstete mit der Wiederherstellung der »Seefestung« beschäftigt. Es entstand das neue Festungswerk Helgoland.

Die Insel sollte zu einer Marinebasis für U-Boote ausgebaut und gleichzeitig als eisfreier Marinehafen jederzeit genutzt werden können. Die Standorte der Küstenbefestigungen aus dem Ersten Weltkrieg wurden wieder bewaffnet, alte Hohlgänge geöffnet oder – wo Sprengungen der alten es erforderlich machten – neue gebaut. Seezielbatterie wurde wieder mit Seezielbatterie

Adolf Hitler (grüßend) samt Entourage zu Besuch auf der Insel, 1939

verbunden, der Tunnel zum Oberland mit einem neuen Schrägaufzug versehen, und eine Eisenbahnlinie führte von der Marinemole direkt bis zur Batterie »von Schröder«, benannt nach August Ludwig von Schröder, kommandierender Admiral im Ersten Weltkrieg in Flandern. Die größte der Helgoländer Seezielbatterien, bestehend aus drei 30,5-cm-Langrohrgeschützen, stand nahe der Nordspitze der Insel.

Wie schon beim ersten Ausbau Helgolands zur »Seefestung« sperrte man auch jetzt das Oberland, den Hafen und die Düne für Zivilisten. Im Hafenbereich wurden Seeflieger und Seeaufklärer stationiert, Hallen für die Flugzeuge gebaut. Ein U-Boot-Hafen entstand, wo ab 1939 der U-Boot-Bunker »Nordsee III« errichtet wurde. Dieses 156 Meter lange und 94 Meter breite Bauwerk war in drei Kammern unterteilt, in deren östlicher ein Schwimmdock eingebaut war. Die Decke dieses Bunkers war drei Meter dick und wurde von 130 Stützpfeilern aus Stahlbeton getragen.

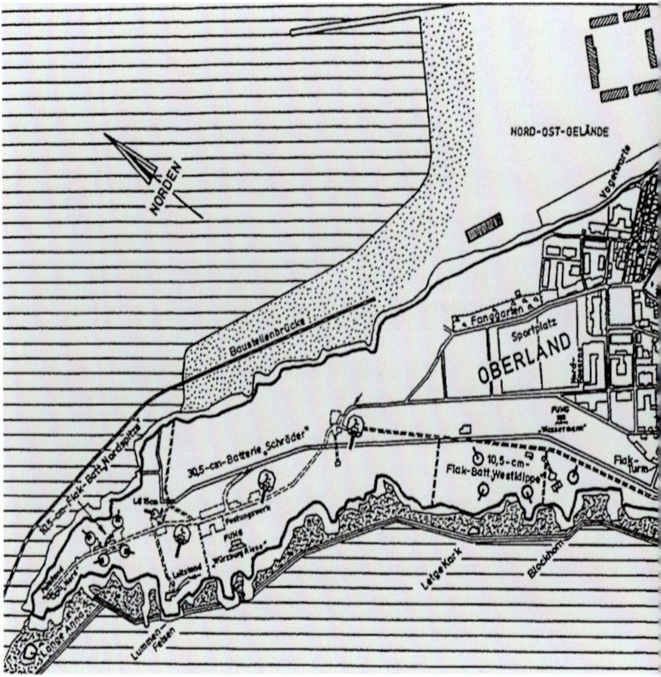

Übersichtsplan der zivilen und militärischen Bauten der Festungsinsel ...

Nur 1940 hatte er als Durchgangsstation zur Verlagerung der U-Boote an den Atlantik eine gewisse Bedeutung, ansonsten wurde er bis Kriegsende nur von kleineren Booten genutzt. Letztendlich bauten die Militärs die Insel zu einem großen, unbeweglichen Schlachtschiff um – und bezeugten damit, dass sie sich bei ihren Planungen von völlig überholten Maßstäben leiten

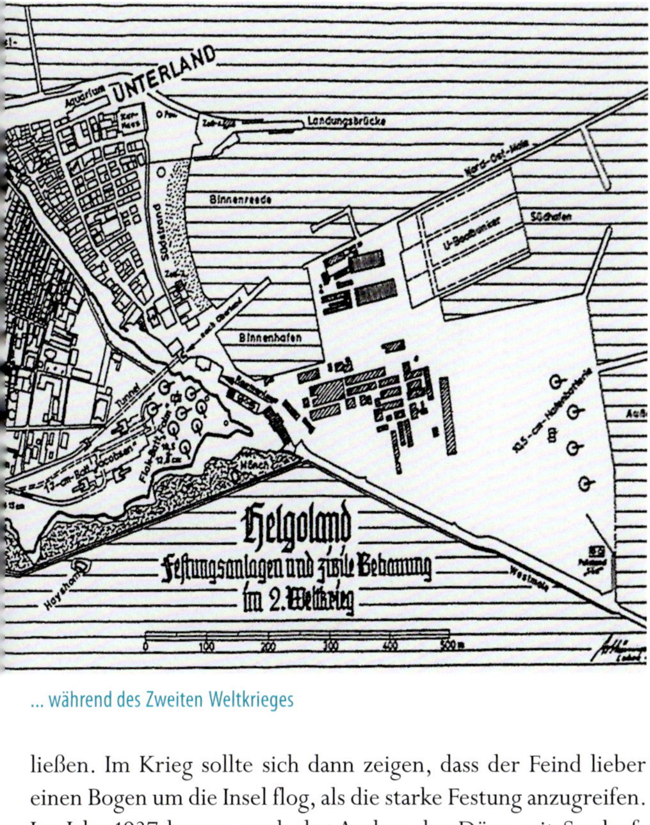

... während des Zweiten Weltkrieges

ließen. Im Krieg sollte sich dann zeigen, dass der Feind lieber einen Bogen um die Insel flog, als die starke Festung anzugreifen. Im Jahr 1937 begann auch der Ausbau der Düne mit Sandaufspülungen, Molenbau und die Anlage eines militärischen Flugplatzes. Insgesamt sollte die Düne im Zuge des Projekts »Hummerschere« (→ S. 30) um das Zehnfache vergrößert werden.

Projekt Hummerschere

Die Hauptinsel Helgoland und die vorgelagerte Düne sollten in einem auf 30 Jahre angelegten Bauprojekt zu einem gigantischen Flottenstützpunkt ausgebaut werden. Bereits 1937 lagen dem Oberbefehlshaber der Marine, Erich Raeder, entsprechende Pläne vor. Danach sollte in einem ersten Bauabschnitt der bereits durch das deutsche Kaiserreich gebaute Kriegshafen wiederhergestellt werden. Im zweiten Bauabschnitt sollte der endgültige Ausbau des Südhafens unter Einschluss des bestehenden Kriegshafens erfolgen. Dazu plante man, die Molen des Kriegshafens in südöstlicher Richtung um 850 Meter zu verlängern. Von der Südspitze der Düne sollte ein 1500 Meter langer Molendamm in südwestlicher Richtung vorangetrieben werden, sodass beide Molen aufeinander zuliefen. Im dritten und größten Bauabschnitt sollte im Norden die östliche Mole der Düne in einen leichten Linksbogen um 4500 Meter verlängert werden, die westliche um 3500 Meter; dazwischen würde Sand aufgespült. Die neuen Landflächen sollten mit allem bebaut werden, was ein großer Flottenstützpunkt benötigte. Liegeplätze für Schlachtschiffe, Panzerkreuzer, Zerstörer und andere Marinefahrzeuge, Reparaturdocks und Werftanlagen fehlten in den Planungen genauso wenig wie Unterkünfte für Tausende neuer Arbeiter. Die Düne wäre dadurch um das Zehnfache ihrer bisherigen Größe angewachsen. Auf der Hauptinsel sollte die Westmauer um vier Kilometer in einem leichten Rechtsbogen Richtung Norden verlängert werden. Vor deren Ende war ein Wellenbrecher von 1300 Metern Länge geplant. Von oben betrachtet hatte dieser Ausbau die Form einer Hummerschere, so kam es zur Namensgebung des Projektes.

Auch auf der Hauptinsel wurde Land aufgespült, insgesamt sollte ihre Fläche vervierfacht werden. Hier waren weitere Schiffsliegeplätze und Bebauungen geplant. Die Fahrrinne zwischen Düne und Insel sollte für die großen Schlachtschiffe ausgebaggert werden. Der Hafenausbau wäre so gigantisch ausgefallen, dass die gesamte deutsche Nordmeerflotte auf einmal darin Platz gefunden hätte. Ob das militärisch sinnvoll gewesen wäre, daran kann man nach dem Angriff auf Pearl Harbour zweifeln.

Der Kriegsverlauf sorgte dafür, dass die Umsetzung des Projekts 1941 eingestellt

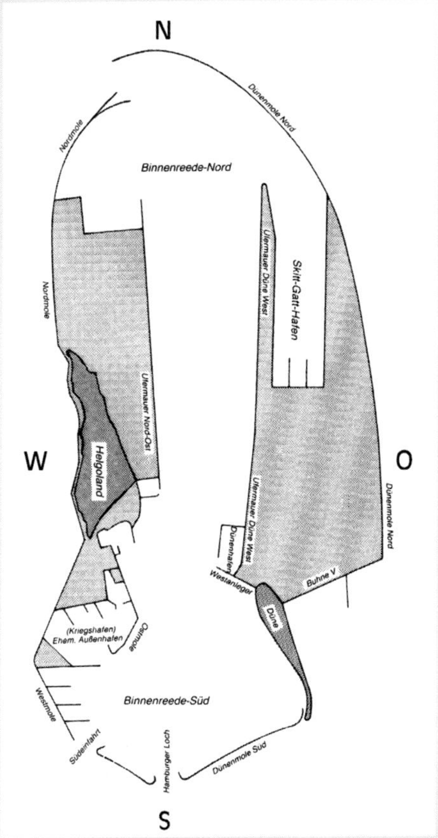

Umfangreiche Ausbaupläne der Insel Helgoland zum größten maritimen Vorposten in der Nordsee, um 1939

wurde. Geblieben ist davon die Befestigung der Düne durch Molen und auf der Hauptinsel das Nordostland – heute ein Erholungsgebiet, bebaut mit Schwimmbad, Kraftwerk, Museum, Sportplatz und einer Jugendherberge.

Soldat vor einem Geschütz der Marineartillerie-Batterie »Jacobsen«, um 1940

Auf der Hauptinsel wurde die unterirdische Anlage im Süden wieder geöffnet und ausgebaut. Hier entstanden bis Kriegsende Räume für die Lagerung von Geschützmunition, Torpedos und Gefechtsköpfen sowie den zugehörigen Zündern und Materialien für die U-Boote. Dauerladestationen für die U-Boot-Akkumulatoren waren hier ebenfalls sicher untergebracht. Auch die Versorgung der Marineangehörigen und der Bauarbeiter konnte unterirdisch sichergestellt werden: Es gab dort Großküchen, Großbäckereien und ein komplettes Krankenhaus. Auf dem Oberland wurden die Kasernen der Kaiserzeit erneuert und für die Unterbringung der Soldaten hergerichtet.
Die Geschütze im Süden der Insel und die Seezielbatterie »von Schröder« im Norden waren 1937 bereits einsatzbereit; ein Jahr später kam die Batterie »Jacobsen« an der Westseite der Insel dazu. Auch wenn zu diesem Zeitpunkt noch vieles provisorisch war und in vielen Detailbereichen nicht fertig, so war doch für ausreichende Bewaffnung gesorgt. Die Batterie »von Schröder« bestand aus drei 30,5-cm- und zwei MG-Geschützen, die Bat-

terie »Jacobsen« aus drei 17,5-cm- und zwei 15-cm-Leuchtgeschützen. Weitere Flak- und Sperrbatterien gab es am Falm – der südöstlichen Begrenzung des Oberlandes –, an der Nordspitze, an der Westklippe und auf der Düne.
Nach den ersten alliierten Angriffen auf Helgoland wurden ab 1940 auch Luftschutzanlagen für die Zivilbevölkerung gebaut. An der Nordostseite des Felsens errichtete man die sogenannte Spirale, die einen vertikalen Zugang zum Bunker vom Oberland und vom Unterland ermöglichte. In weiteren Bauabschnitten wurden die heute noch zu besichtigenden Teile »Fuchsbau« und »Weddigenstollen« (→ S. 58) sowie der Schulbunker gebaut. Dieses Bunkersystem diente der Zivilbevölkerung als sicherer Zufluchtsort bei den täglichen Einflügen der alliierten Bomberverbände in das Reichsgebiet. Wenn im Drahtfunk das Quadrat »Anton Quelle II« genannt wurde, die Kennung für den Bereich Helgoland, brachten sich die Bewohner der Insel in diesen Anlagen in Sicherheit, die bis zu 4000 Menschen Schutz boten.
Als der Zweite Weltkrieg mit dem Überfall der Wehrmacht auf Polen am 1. September 1939 begann, wurde die Helgoländer Bevölkerung nicht wie im Ersten Weltkrieg evakuiert, sondern konnte auf ihrer Insel bleiben. Dagegen erwies sich der Aufwand, mit dem man den Ausbau Helgolands zur Festung betrieben hatte, erneut als überdimensioniert. Die militärische Bedeutung der Insel war eher gering; das spiegelte sich – nach der Verlegung der U-Boote an den Atlantik – auch bei der Auswahl des Personals wider: Die anfangs gut qualifizierte Besatzung wurde ausgetauscht und bestand in den letzten Kriegsjahren aus genesenen und versehrten Offizieren und Unteroffizieren mit wenigen Mannschaften. Schüler und Lehrlinge waren die wichtigsten

Die »Spirale« wurde während des Krieges luftschutzsicher ausgebaut, um 1941

Bediener an den Waffen. Unterstützt wurden sie von russischen und ukrainischen Kriegsgefangenen als Munitionskanoniere.

Auf Helgoland wurden, wie überall im Reichsgebiet, Zwangsarbeiter eingesetzt. Diese rekrutierte man aus russischen und ukrainischen Kriegsgefangenen, holländischen Gestapohäftlingen, italienischen Militärinternierten und weißrussischen Gefangenen. Insgesamt wurden mehrere Hundert Zwangsarbeiter in Barackenlagern auf dem Ober- und dem Unterland untergebracht. Sie wurden unter ständiger Bewachung beim Festungsbau für die schwersten und gefährlichsten Arbeiten bei schlechter Versorgung eingesetzt. Über die genaue Zahl der Zwangsarbeiter und ihr Schicksal wird derzeit geforscht.

Auf der Insel Düne hatte man im Januar 1940 erste Gebäude für einen Flugplatz errichtet. Das Luftgaukommando XI stellte

250 Arbeitskräfte und einen Ingenieur, die bis Januar 1942 zwei Start- und Landebahnen auf dem durch Aufspülung künstlich vergrößerten nordöstlichen Teil der Düne anlegten. Am 21. August 1942 landete das erste Jagdflugzeug vom Typ Messerschmitt Bf-109E-7 auf Helgoland-Düne. 1943 wurde die zweite Landebahn auf 795 Meter verlängert. Die auf Düne stationierte kleine Jagdstaffel (Jasta) Helgoland machte die Insel zu einem wichtigen Außenposten bei den Verteidigungsbemühungen in der Deutschen Bucht und insbesondere der norddeutschen Häfen. Allerdings wurde bereits im November 1943 ein Teil der Jasta auf den Flugplatz Lister in Südnorwegen verlegt. Die auf Helgoland verbliebenen Maschinen der Jagdstaffel wurden zu Begleitflügen für Konvois, für Überwachungsflüge über der Deutschen Bucht und für gelegentliche Kampfeinsätze gegen Feindeinflüge genutzt. Nicht zu unterschätzen war die Bedeutung Helgolands jedoch in anderer Hinsicht. Ab 1943 wurde von hier aus mit den neuesten Radargeräten vom Typ »Würzburg« und »Wassermann«, die auf dem Oberland installiert waren, das Luftlagebild in der Deutschen Bucht erstellt. Deren Position, 50 Meter über dem Meeresspiegel und 70 Kilometer vor dem Festland gelegen, war ideal und verschaffte den Menschen auf dem Festland bei anfliegenden Bomberverbänden 20 Minuten mehr Vorwarnzeit. Diese zusätzliche Zeit hat sicherlich viele Menschenleben gerettet, was das eigentliche Verdienst Helgolands ist.

Ab 1944 mehrten sich auch in der Helgoländer Bevölkerung kritische Stimmen und formte sich Widerstand. So trafen sich beispielsweise im Restaurant Friesenhaus von Erich Friedrichs Helgoländer und Festlanddeutsche und redeten über ihre Sorgen angesichts des absehbaren Kriegsausgangs. An den »Endsieg«

glaubte von ihnen schon lange keiner mehr. Dagegen sprachen auch Erfahrungen des schweren Bombardements im Oktober 1944, das heftige Zerstörungen auf der Insel angerichtet hatte. Obwohl Friedrichs in den 1930er Jahren von den Nationalsozialisten zur Umerziehung in ein Konzentrationslager gesperrt worden war, arbeitete er für die Marine in der Signalstation und galt daher als sehr gut informiert. Direkt neben der Signalstation stand das Haus von Dachdeckermeister Georg Braun. Bei ihm kamen viele Marineangehörige zu geselligen Abenden zusammen, politisierten und besprachen die Kriegslage.

Anfang 1945 bildete sich eine zweigeteilte Widerstandsgruppe. Die eine Gruppe um Erich Friedrichs entwendete des Nachts aus den Booten der Biologischen Anstalt Sendeanlagen und richtete geheime Funkstationen ein, vermutlich unter anderem in einem Raum der Apotheke sowie auf dem Oberland. Wann die Gruppe das erste Mal Kontakt mit den Engländern aufnahm, ist nicht bekannt, aber sie erfuhr dann von den Briten, dass die Alliierten den Inselkommandanten bereits mehrfach aufgefordert hatten, die Insel zu übergeben, was dieser aber strikt abgelehnt habe.

Aufgrund dieses Wissens wuchs der Entschluss in der Widerstandsgruppe, die militärische Führung der Insel zu entmachten und Helgoland kampflos an die alliierten Verbände zu übergeben. Im Haus von Georg Braun auf dem Oberland schmiedete die zweite Gruppe konkrete Pläne für die Entmachtung und Entwaffnung der Militärangehörigen. Gleichzeitig wuchs die Gruppe um weitere Militärangehörige an, auch Oberfeldwebel Paul Münster, stationiert an der Batterie Nordspitze, und Oberfeldwebel Ernst Clement gehörten ab Anfang April 1945 dazu. Braun selbst besuchte öfter die Gaststätte von Erich Friedrichs und

Zerstörte Häuser nach einem alliierten Luftangriff, Oktober 1944

gewährleistete den Informationsaustausch zwischen beiden Gruppen.
Zu diesem Zeitpunkt ahnte noch niemand, dass sie bereits verraten worden waren. Paul Münster hatte jedes Treffen seinen Vorgesetzten gemeldet. Gleichzeitig erzählte auch Ernst Clement seinem Fregattenkapitän von den Plänen der Widerstandsgruppe. Als sich die Meldungen über die Absichten der Widerständler häuften und die militärische Führung auf Helgoland befürchtete, die Aktion würde bald starten, leitete sie Gegenmaßnahmen ein. Der Inselkommandant löste das gemeinsame Essen der Offiziere auf und befahl ihnen, bei der Truppe zu verbleiben und wachsam zu sein. Um das weitere Vorgehen abzusprechen und mögliche

Verhaftungen vorzubereiten, wurde Kapitän Gerhard Prenzel, Kommandeur der Marine-Artillerie-Abteilung 122 auf Helgoland, nach Otterndorf zu den zuständigen Stellen geschickt, so die Aussage des Inselkommandanten Alfred Roegglen.
In der Nacht vom 17. auf den 18. April 1945 ging es los. Die Kommandeure der einzelnen Dienststellen wurden zum Inselkommandanten bestellt – anwesend waren auch Richter und Gestapobeamte vom Festland –, wo sie den Befehl erhielten, die Mitglieder der Widerstandsgruppe, die in ihren Batterien Dienst taten, zu verhaften. In den frühen Morgenstunden des 18. April verhängte das Militär eine Ausgangssperre. Bewaffnete Militärposten schickten jeden Bewohner, den sie antrafen, nach Hause zurück, alle anderen wurden am Verlassen ihrer Häuser gehindert. Um Punkt sechs Uhr begann die Gestapo mit Unterstützung eines als besonders zuverlässig geltenden Kampfverbandes aus dem U-Boot-Bunker mit den Verhaftungen. Etwa 20 Männer wurden bei dieser Gelegenheit festgenommen. Eigentlich sollten sie aufs Festland gebracht werden, aber nun wurden sie unter Bewachung in Keller oder Bunker geleitet. Denn ab 11.55 Uhr erfolgte, was die Widerständler unter allen Umständen zu verhindern gesucht hatten: der alliierte Großangriff auf die »Seefestung« Helgoland. Fast 1000 Flugzeuge luden ihre Bombenlast über der Insel ab, deren Gebäude und Infrastruktur vollkommen zerstört wurden. Ein weiterer Verbleib der Zivilbevölkerung auf der Insel war nicht mehr möglich. Nach weiteren massiven Bombardierungen mit zum Teil 5000 Kilogramm schweren Bomben (Tallboys) am darauffolgenden Tag wurde die Bevölkerung evakuiert.
Am Morgen des 19. April wurden auch 14 der Verhafteten auf

Schnellbooten nach Cuxhaven gebracht, wo man ihnen im Wortsinne einen kurzen Prozess machte. Nach einem Schnellverfahren wurden fünf von ihnen am Abend des 21. April 1945 auf dem Schießplatz Cuxhaven-Sahlenburg hingerichtet.

Die militärische Besatzung, mehr als 3200 Mann, blieb bis zum 11. Mai 1945 auf der Insel, und Festungskommandant Roegglen übergab diese dann an den britischen Admiral Gerard Charles Muirhead-Gould. Das britische Kommando verlangte auch die Herausgabe der Gerichtsakten über die Widerständler. Der geschäftsführende Urkundsbeamte, Marinejustizamtmann Rode, antwortete: »Die Strafgerichtsakten des Gerichts ›Seeko Elbe-Weser‹ für 1945 sowie alle politischen Strafakten wurden auf Anordnung des leitenden Marineoberstabsrichters Dr. Föger Anfang Mai 1945 verbrannt.«

Postume Ehrung für die Helgoländer Widerständler

Georg Braun, Karl Fnouka, Erich Friedrichs, Artur Pester und Martin Otto Wachtel – für die 1945 exekutierten Männer, die den Alliierten die Insel kampflos übergeben wollten, wurden 2010 auf Helgoland Stolpersteine verlegt.

Auch der 1944 wegen seiner kritischen Reden hingerichtete Frisör Heinrich Prüß wurde durch einen Stolperstein geehrt.

Stolperstein für Martin Otto Wachtel, einen der Widerstandskämpfer, 2012

Dieter Baumann: Als Flakhelfer auf Helgoland

»Im August 1944 waren wir auf die Insel gekommen und ab September in der Flak-Batterie ›Westklippe‹ eingesetzt. Wir waren fünfzehn oder sechzehn Jahre alt: Oberschüler der Graf-Zeppelin-Schule Freiburg in Schlesien. Andere kamen aus Stolp, Schneidemühl und Wismar, Untersekundaner.

Trotzdem fühlten wir uns schon recht erwachsen und trugen nur ungern die für die Ausgehuniform vorgeschriebene Hakenkreuzarmbinde der HJ. Wir wollten (erwachsene) Soldaten sein, keine ›Hitlerjungen‹. Eine Opposition gegen den Nationalsozialismus war das sicher nicht; Zweifel daran kamen nur recht langsam auf, beim einen mehr, beim anderen weniger. […] Was uns bedrückte, war die zunehmende Ungewissheit und Sorge um das Schicksal angesichts der näherrückenden ›Ostfront‹.

Auf Helgoland fühlten wir uns ziemlich sicher. Wir sahen zwar häufig die Bombergeschwader über uns, aber die flogen ja Richtung Hamburg, Richtung Bremen. Doch dann kam der 18. April 1945. Am Vormittag waren wir noch im Schulunterricht. Zwei aus unserer Baracke hatten gegen 12 Uhr das Mittagessen in großen Kübeln geholt. Kaum waren die eingetroffen, da gab es Alarm. Wir liefen an unsere 10,5-cm-Flak-Geschütze bzw. zum ›Leitstand‹. Ich erinnere mich, dass an diesem Tage die elektrische Übertragung vom Hauptleitstand der Insel und zu den einzelnen Geschützen nicht funktionierte.

Der erste Bomberschwarm wurde von batterieeigenen Geräten ausgemacht. Unser Batteriechef gab die – wohl ziemlich ungenauen – Werte telefonisch durch. Die Geschütze begannen zu schießen. Bald hagelte es jedoch massenweise Bomben, die auch unsere Batterie trafen. Nach ca. 10 Minuten war diese praktisch funktionsunfähig: Geschütze, Messgeräte waren zerstört. Eines der Geschütze, das nahe an den Klippen stand, wurde aus seinen Fundamenten gerissen und 40 Meter in die Tiefe geschleudert. Kapitänleutnant P.

rief: ›Rette sich, wer kann!‹ Nun suchten manche Schutz in den nur dürftig betonierten Unterständen; einige wollten wohl auch Zugang zu dem tief im Felsen liegenden Stollensystem finden. Sie sind dabei verschüttet worden. Ich gehörte zu denen, die von Bombentrichter zu Bombentrichter stolperten und sich Richtung Flakleitstand (heute Leuchtturm) bewegten. Ich sehe noch das Bild der Flugzeuge über uns (nicht selten habe ich davon geträumt), die ihre Schächte öffneten und Bomben auf die Insel niederprasseln ließen. Bomben, die in der Frühlingssonne glitzerten …, und wir bangten um unser Leben. Ich muss gestehen: Hier habe ich zum ersten Mal wirklich Todesangst gespürt. Ich erreichte noch den Flakleitstand der Insel und verbrachte die letzte Viertelstunde des Angriffs in dessen Keller, […].

Zerstörtes Unterland nach dem Angriff vom 18. April 1945

Wir liefen zurück zu unserer Batterie. Von unserer Baracke, all unseren ›Privatsachen‹ war nichts mehr zu finden. Das Schlimmste aber: Von den zehn Klassenkameraden aus Freiburg/Schlesien, die noch auf Helgoland waren, lebten nur vier. Einen der Toten fanden wir und brachten ihn an einem der nächsten Tage über die Südklippe zum Schiff, von wo er mit vielen anderen im Meer beigesetzt wurde; die anderen blieben verschollen. […]
Mit uns – jedenfalls mit mir – war etwas geschehen: Ich habe den Krieg hassen gelernt und bald auch alle Verherrlichungen des Militärs.

Aus: Elisabeth Wallmann (Hg.): Die Zerstörung Helgolands durch die Bombardierung am 18. April 1945. Helgoländer erinnern sich an diesen Tag vor 50 Jahren, 4. Aufl., Helgoland 2001, S. 45 f. (Auszüge).

Britisches Hoheitsgebiet (1945 – 1952)

Am 11. Mai 1945 übernahmen die Briten Helgoland und ordneten an, dass alle Zivilisten und anschließend auch die Soldaten die Insel zu verlassen hatten. Sie selbst machten keine Anstalten, dort Quartier zu beziehen. Was immer sie zunächst vorgehabt haben mögen, zwei Jahre später ordneten die Briten auf Basis des Potsdamer Abkommens, das eine vollständige Entmilitarisierung Deutschlands vorsah, unter dem Namen »Operation Big Bang« die komplette Zerstörung der »Seefestung« Helgoland an. Anders als die Legendenbildung nach dem Zweiten Weltkrieg behauptete, wollten die Alliierten allerdings niemals die gesamte Insel sprengen.

Der Plan zur Schleifung der Festung sah vor, sämtliche militärischen Anlagen zu zerstören, nur die Häfen, die Uferschutzbauten und die Zivilbunker waren ausgenommen. Was irgendwie noch brauchbar war, wurde zuvor geborgen und nach Cuxhaven verbracht. 500 Tonnen Munition transportierte man für erste Sprengversuche am U-Boot-Bunker nach Helgoland. Am 18. April 1947, genau zwei Jahre nach dem verheerenden Luftangriff, war es dann so weit: 6700 Tonnen Sprengstoff waren in den unterirdischen Gängen und Bun-

Aufnahme des »Big Bang«, 18. April 1947

Maulbeerbaum auf dem Oberland, 2012

»Das Wunder von Helgoland«

Auf Helgoland gibt es einen sehr alten Maulbeerbaum, der schon die Aufmerksamkeit von Heinrich von Kleist erregte, als dieser 1810 die Insel bereiste. Und ebendieser Baum überstand auch das fürchterliche Bombardement am 18. April 1945, den »Big Bang« 1947 und alle weiteren Bombardierungen bis 1952. Natürlich nicht unbeschadet. So wie jeder Quadratmeter Erde auf der Insel umgepflügt wurde, so blieb auch von dem einst blühenden Baum nur ein zerfetzter Strunk übrig. Aber als die Helgoländer ihre völlig zerstörte Insel 1952 wieder besuchen durften – ein Leben dort blieb den meisten von ihnen noch viele Jahre versagt –, sahen sie aus den Resten ihres einst so mächtigen Maulbeerbaumes erste kleine Schösslinge sprießen.

Dieses »Wunder von Helgoland« wurde zu einer Art Überlebenssymbol für die Insulaner und gab ihnen die Hoffnung wieder, eines Tages auf die Insel zurückkehren zu dürfen. Da wo der Helgoländer Baum wächst, da können auch wir irgendwann wieder wachsen, hieß es. Bis heute hat der Baum, der an der Ecke Kirchstraße/Otto-Bartning-Straße steht, seinen Ehrenplatz auf der Insel.

kern deponiert und wurden um 13 Uhr aus neun Meilen Entfernung zur Detonation gebracht. Laut »Guinness-Buch der Rekorde« war dies die größte nichtnukleare Explosion in der Menschheitsgeschichte. Damit hatte die Festung Helgoland endgültig aufgehört zu existieren.

Nach dem »Big Bang« benutzten die Briten die Insel als Bomberübungsgelände für ihre Royal Air Force. Alle Einwände, die Helgoländer gegen die Bombardierung ihrer Insel vorbrachten, stießen bei den Besatzungstruppen auf taube Ohren.

Erst als zwei junge Heidelberger Studenten, René Leudesdorff und Georg von Hatzfeld, am 20. Dezember 1950 heimlich auf die Insel übersetzten und dort die drei Flaggen von Deutschland, Europa und Helgoland hissten – begleitet von zwei Hamburger Journalisten, die mit Fotos und einer Reportage von der »friedlichen Invasion« noch am selben Tage nach Cuxhaven zurückkehrten –, fand das Helgoland-Problem seinen Weg in die Nachrichten. Am 22. Dezember fuhr der junge dpa-Korrespondent Jochen Blume mit einem Fischer auf die Insel, ließ die Flaggenhissung nachstellen (dieses Mal ohne die kleinere Helgolandflagge) und verbreitete dieses Foto via dpa weltweit.

Die beiden Studenten brachen ihre Besetzung wegen mangelnder Ausrüstung und aufziehendem Unwetter zunächst ab, kehrten aber bereits am zweiten Weihnachtstag mit drei Begleitern nach Helgoland zurück. Nur drei Tage später folgte Hubertus Prinz zu Löwenstein, Heidelberger Hochschullehrer und Journalist, der mit seinen Gedanken zum vereinten Europa ein Spiritus Rector der Besetzung war. Auch er brachte weitere Besetzer mit. Gemeinsam sorgten sie dafür, dass das Thema Helgoland in den Schlagzeilen blieb.

Zwei Heidelberger Studenten hissen die Deutschland- und die Europaflagge auf Helgoland; Foto der am 22. Dezember 1950 nachgestellten Aktion

Die britische Militärregierung sah sich zum Handeln veranlasst und stellte am 3. Januar 1951 mit der Verordnung Nr. 224 das Betreten Helgolands unter Strafe, signalisierte aber zugleich über das Außenministerium die Bereitschaft, die Insel in naher Zukunft zurückzugeben.

Die Kampagne für ein Ende der Bombardierungen und die Rückgabe Helgolands fand nicht nur bei national Gesinnten Unterstützung, sondern überraschenderweise auch bei der KPD und der westdeutschen Freien Deutschen Jugend (FDJ). Die kommunistischen Jugendlichen mobilisierten unter dem Motto »Gegen Remilitarisierung« für ein eigenes Landungsunternehmen im Februar 1951. Als 20 von ihnen drei Tage nach Betreten der Insel wegen Verstoßes gegen die Verordnung Nr. 224 verhaftet und ins Lübecker Gefängnis gebracht wurden, nutzte die kommunistische Propaganda das, um die britische und die westdeutsche Regierung anzuklagen.

Zeitgleich signalisierten die Briten, dass sie bereit seien, Helgoland binnen Jahresfrist freizugeben – und betonten, dies habe nichts mit den kommunistischen Aktivitäten zu tun. Wie um ihre Unabhängigkeit zu beweisen, begannen sie wieder mit Bombenabwürfen. In der Folgezeit waren es vor allem die Helgoländer Fischer, die mit diversen Aktionen dafür sorgten, dass die erste Absichtserklärung der Briten nicht in Vergessenheit geriet. Nun schaltete sich auch die Bundesregierung ein und suchte nach Ersatzzielen für die Briten. Ende des Jahres zeichnete sich dann ab, dass die Übergabe der Insel Helgoland zum 1. März 1952 tatsächlich stattfinden würde. Die Aktion der beiden Studenten war von Erfolg gekrönt und begründete die Tradition des zivilen Ungehorsams in der Bundesrepublik Deutschland.

Wiederaufbau und Gegenwart (seit 1952)

Nach Abschluss der politischen Verhandlungen zwischen der britischen und der deutschen Regierung sprach Bundeskanzler Konrad Adenauer am 28. Februar 1952 über den Rundfunk zum deutschen Volk. Er hob die große Bedeutung der Übergabe der Insel an Deutschland hervor und wünschte, die »Selbstzerfleischung der Völker möge nun beendet sein und Helgoland zu einem Wahrzeichen des Friedenswillens und der Freundschaft zwischen Großbritannien und Deutschland werden«. Der Kanzler bezeichnete Helgoland als eine Herzensangelegenheit des deutschen Volkes und ermunterte alle Deutschen, zum Wiederaufbau beizutragen.

Am 1. März 1952 gab es auf der Insel einen Festakt mit 57 offiziellen Gästen und Helgoländern. Der Ministerpräsident des Landes Schleswig-Holstein, Friedrich Wilhelm Lübke, gab das Signal »Heißt Flagge«, und dann wehten die deutsche, die schleswig-holsteinische und die helgoländische Flagge zum ersten Male wieder offiziell über der Insel. Weil die Europaflagge offiziell nicht

Übergabe der Insel an die Bundesrepublik Deutschland, März 1952

vorgesehen war, hob einer der »Invasoren«, Friedrich von Friedeburg, die Europaflagge in die Höhe.
Nun konnte der Wiederaufbau beginnen, der zur nationalen Aufgabe erklärt wurde. Es gab groß angelegte Planungen für die Bebauung der Insel und die Rückführung der Bevölkerung. Es wurden Bomben geräumt, Häfen wiederhergestellt und Küstenschutzmaßnahmen durchgeführt, Straßen, öffentliche Gebäude und Häuser für die Bewohner gebaut sowie Schulen, Kirchen und Freizeiteinrichtungen für Urlauber errichtet. Über das Aussehen aller Gebäude auf der Insel wurde in einem Architekturwettbewerb entschieden, was dazu führte, dass die Ortschaft auf Helgoland heute als letzte geschlossene Bebauung der 1950er Jahre gilt und unter Ensembleschutz steht.
Auch die Vogelwarte Helgoland wurde wieder auf dem Oberland angesiedelt. Im Sommer brüten Zehntausende von Vogelpaaren auf den Klippen, ein einzigartiges Schauspiel. Im Frühjahr und Herbst ziehen Tausende von Seevögeln über Helgoland und geben Interessierten die Möglichkeit, Hunderte verschiedener Vogelarten zu beobachten. Die Biologische Anstalt Helgoland wurde an zwei Standorten auf der Insel ebenfalls wieder aufgebaut und ist eines der weltweit führenden Forschungsinstitute auf diesem Gebiet und größter Arbeitgeber auf der Insel.
1964, nach zwölf Jahren, war der Wiederaufbau abgeschlossen, und Helgoland erstrahlte als ganz neuer Ort. Das Badeleben blühte in nie geahnter Form auf. Hunderttausende Tagestouristen besuchten die Insel und genossen den zollfreien Wareneinkauf. Die »Butterfahrer« bevölkerten den Sommer über Helgoland und brachten den Bewohnern Jahrzehnte des Wohlstands.
Mit dem Aufkommen der Billigfluglinien zog es viele der einsti-

Architekten-Wettbewerb des Helgoland-Ausschusses, 1951 (o.); Wiederaufbau der städtischen Infrastruktur nach der Übergabe der Insel, Juli 1955 (u.)

FRISCH VOM FASS
KROMBACHER
VELTINS
KÖNIG-PILS
JEVER
DITHMARSCHER
DUNKEL

gen Helgolandgäste in andere Weltgegenden. Ab 1980 nahm die Zahl der Besucher stetig ab. Eine kurzfristige Erholung gab es nach 1990, als nach dem Mauerfall viele Menschen aus den neuen Bundesländern erstmals auf die Insel kamen. Doch nach der Jahrtausendwende sanken die Besucherzahlen wieder. Ein neuerlicher touristischer Aufschwung war nicht in Sicht, und so mussten neue Wege aus der Krise gesucht werden. Die Helgoländer stritten untereinander über den richtigen Weg, entschieden haben sie sich für die Windenergie. Seit Kurzem ist Helgoland die erste Offshore-Service-Insel der Welt und hat neben dem Tourismus und der Forschung ein drittes Standbein, das in der nächsten Zukunft für Wohlstand und Stabilität sorgen soll.
Heute leben auf der Insel das ganze Jahr über wieder rund 1500 Menschen, im Sommer zusätzlich viele Saisonkräfte und seit einiger Zeit auch Monteure und Arbeiter aufgrund der Offshore-Windparks. Kriminalität gibt es fast gar nicht, Streit und Zank nur wenig, die letzten größeren Auseinandersetzungen gab es um die Abstimmung über eine neue Landverbindung zwischen Düne und Helgoland. Es war geplant, die beiden Inseln mit einer großen Landaufspülung wieder zu verbinden. Bei einem Bürgerentscheid stimmte eine knappe Mehrheit dagegen. Diese Diskussionen brachten für kurze Zeit Unfrieden in die Familien, und es dauerte eine Weile, bis sich die Wogen geglättet hatten.
Seit der Steinzeit hat Helgoland allen Stürmen getrotzt und wird auch in ferner Zukunft noch so manches über sich ergehen lassen müssen. Aber unterkriegen werden die Menschen die Insel nicht.

◀ Helgoland, immer noch beliebtes Ausflugsziel, 2012

Historische Zeugnisse auf der Insel

Museum Helgoland

Kurpromenade 1430, 27498 Helgoland
www.museum-helgoland.de
Öffnungszeiten: Di – So 10 – 14.30 Uhr

Erste Bestrebungen zur Gründung eines Museums auf Helgoland gab es ab etwa 1892, nachdem die umfangreiche Sammlung von Vogelpräparaten des Kunstmalers und Ornithologen Heinrich Gätke (1814 – 1897) vom preußischen Kultusministerium angekauft worden war und nun auf Helgoland angemessen untergebracht und präsentiert werden sollte. Eine 1895 erfolgte private Schenkung ermöglichte die Umsetzung des Vorhabens. Nach drei Jahren Planungs- und Bauzeit wurde das Nordseemuseum am 20. August 1899 im alten Konversationshaus an der Siemensterrasse feierlich eröffnet, der Träger des Hauses war die Königliche Biologische Anstalt Helgoland. Die Schwerpunkte der Sammlung des Nordseemuseums lagen auf naturwissenschaftlichen Gebieten.

Im Ersten Weltkrieg wurden 1914 Teile der Sammlungen auf das Festland und nach 1918 wieder zurück auf die Insel gebracht. Auch im Zweiten Weltkrieg wurden etliche Ausstellungsstücke ausgelagert – nun in eine Bunkeranlage im Felsen. Das Gebäude des Nordseemuseums wurde am 18. Oktober 1944 durch einen Bombenangriff weitgehend zerstört. Bei der Evakuierung Helgolands ab dem 19. April 1945 wurden nur wenige Objekte des

Museums nach Wilhelmshaven gebracht, von den Sammlungen des Nordseemuseums ist kaum etwas übrig geblieben.
Rund 40 Jahre später, im Jahr 1986, gab es eine Initiative, ein neues Museum auf Helgoland einzurichten. Zu diesem Zweck wurde die Stiftung Nordseemuseum Helgoland gegründet; sie entstand aus dem gemeinsamen Bemühen des Landes Schleswig-Holstein, des Kreises Pinneberg und der Gemeinde Helgoland und ganz besonders dank des unermüdlichen Einsatzes des damaligen ersten Vorsitzenden des Fördervereins Museum Helgoland, Werner Stichtenoth. 1996 wurde das neue Museum Helgoland in der Nordseehalle durch die Stiftung eröffnet. Bereits vier Jahre später drohte die Schließung wegen Geldmangels, denn das Land Schleswig-Holstein und der Kreis Pinneberg zogen sich aus der Stiftung zurück. Um sie zu verhindern, entschloss sich der Förderverein Museum Helgoland, zusätzlich zu seinen ursprünglichen Aufgaben den Betrieb des Museums ehrenamtlich zu übernehmen.

»Tallboy-Bombe« auf dem Freigelände des Museums Helgoland, 2012

In den folgenden Jahren unterzogen die Mitarbeiter das Ausstellungskonzept einer kompletten Überarbeitung und bauten die Dauerausstellung mit den Schwerpunkten »Arbeit und Leben auf

Ausstellungseröffnung im Museum Helgoland, 2010

Helgoland« auf. Daneben gibt es Ausstellungsbereiche, die unter anderem über die Militärgeschichte der »Seefestung«, den Widerstand im Nationalsozialismus, die biologische Forschung auf der Insel und das Seebad Helgoland informieren. Im Untergeschoss befindet sich zudem eine einzigartige Fossilienabteilung Helgolands. Ein großer Bereich im Museum wird für jährlich wechselnde Sonderausstellungen freigehalten, die hauptsächlich international bekannte Fotografen präsentieren, aber auch Malerei. Ab 2006 wurde der Museumshof mit zahlreichen Hummerbuden und dem Museumsleuchtturm aufgebaut, was eine Erweiterung der Ausstellungsthemen ermöglichte. Dort ist nicht nur eine Ausstellung über das Leben und Werk des berühmten Kinder- und Jugendbuchautors James Krüss untergebracht, sondern in den

Freigelände vor dem Museum Helgoland, 2012

Hummerbuden werden weitere Aspekte der Inselgeschichte thematisiert, etwa der Seebäderdienst, der Leuchtturm oder die Postgeschichte. Ein »Tallboy«, eine 5000-Kilogramm-Bombe, wie sie bei Angriffen auf die Insel während des Zweiten Weltkriegs verwendet wurde, steht in voller Größe (6,35 Meter) im Freigelände des Museums, wo auch der Propeller eines B17-Bombers und Bombensplitter ausgestellt sind. Ab 2014 ist im erweiterten Außenbereich unter anderem der originalgetreue Nachbau eines Helgoländer Steinkistengrabes zu sehen.
Das Museum organisiert darüber hinaus 75-minütige Touren durch den ehemaligen Luftschutzbunker der Insel (→ S. 58), auf denen der Besucher viel über Helgoland und das Leben auf der Insel bis 1945 erfährt.

Flakleitturm Helgoland

Klippenrandweg, 27498 Helgoland

1941 wurde auf der Insel ein viereckiger Turm aus Stahlbeton errichtet. Dieser schwer armierte rote Turm diente nach seiner Fertigstellung als Flakbefehlsstand (Flagruko) sowie als Feuerleitstand der »Seefestung« Helgoland und Beobachtungsposten. Von hier aus wurden Informationen der einzelnen Leitstände und der Seezielbatterien ausgewertet und die Daten über eine Telefonzentrale im Untergeschoss weitergeleitet.
Der Turm verfügt über einen eigenen dreigeschossigen Bunker, der für mehr als 50 Personen ausgelegt und mit Waschräumen, Mannschafts- und Unteroffiziersräumen ausgestattet war. Über Flure und Treppenhäuser war der Bunker direkt mit der Flagruko und dem gesamten unterirdischen Bunkersystem der Insel verbunden. Turm und Bunker wurden über eine Zisterne, ausgerüstet mit den notwendigen Pumpenanlagen, mit Wasser versorgt.
Der Flakleitturm hat als einziges Gebäude auf Helgoland die großen Angriffe im April 1945 und auch den »Big Bang« zwei Jahre später (→ S. 42) überstanden und dient heute als Leuchtturm. Stark beschädigt, wurde auf dem Turm 1952 ein provisorisches Leuchtfeuer in Betrieb genommen. 1963 bekam der Leuchtturm eine moderne Lichtanlage, zwei Jahre später wurde der Leuchtturm umgebaut und erhielt sein heutiges Aussehen.

➤ Der ehemalige Flakleitturm dient heute als Leuchtturm, 2012

Zivilschutzbunker Helgoland

Kirchstraße, 27498 Helgoland
Besichtigungen sind von Mai bis Oktober täglich möglich, im Winter mehrmals wöchentlich; Karten und Termine gibt es in der Helgoland-Touristik im Rathaus.

Einen besonderen Raum in den Bauplanungen während des Zweiten Weltkriegs nahmen die Maßnahmen zum Schutz der Helgoländer Zivilbevölkerung ein. Durch das Fehlen ausreichender Luftschutzbauten bei Kriegsausbruch dachte man zunächst an eine Evakuierung von Frauen, Kindern und Greisen, da für alle anderen Personen Luftschutzraum von der Marine zur Verfügung gestellt werden konnte. Auf Dauer war das keine geeignete Lösung, weshalb vom Reich ein Betrag von 240000 Reichsmark für den Ausbau der Spirale, einer Stützmauer an der Ostseite der Insel, bereitgestellt wurde. Diese Spirale, mit ihren beiden gegenläufigen schiefen Ebenen, wurde zu einem bombensicheren Raum ausgebaut.
Da bis zu den Angriffen im Mai 1941 keine weiteren Räume fertiggestellt worden waren, mussten Frauen, Kinder und Alte doch zum Festland gebracht werden. Die Gemeinde bekam daraufhin die Genehmigung, mit Reichsmitteln neue Luftschutzbauten zu errichten, die untereinander in einem komplexen System verbunden waren. Mit ihrer schrittweisen Fertigstellung kam der größte Teil der erwachsenen Bevölkerung und der Schulkinder auf die Insel zurück. Auch der Angriff im Oktober 1944, bei dem ein Großteil des Unterlandes verwüstet wurde, konnte die Bevölkerung nicht dazu bringen, die Insel zu verlassen.
Der fortgesetzte Ausbau und der im Juli 1943 abgeschlossene

Ehemaliger Luftschutzstollen »Fuchsbau« unter dem Oberland, 2012

Bau eines bombensicheren Krankenhauses gab der Bevölkerung den notwendigen Rückhalt, auch den verheerenden Luftangriff vom 18. April 1945 zu überstehen. Die tief in den Felsen gegrabenen Stollen hielten selbst der Sprengkraft der von mehr als 1000 Flugzeugen abgeworfenen Bombenlast stand. Wo Eingänge der Anlage verschüttet wurden, lag das an den Maßnahmen der Marine, die aus Gründen der Verteidigung des Oberlandes die Zugänge des Unterlandes mit Sprengstoffladungen versehen hatte.

Heute ist noch ein Teil dieser Anlage erhalten, und das Museum bietet geführte Touren durch das Bunkersystem an. Die Öffnung weiterer Bunkerräume für die Öffentlichkeit ist mittelfristig geplant, die dann eine Ausstellung über die Zeit von 1890 bis 1947 beherbergen sollen.

Tunnel zum Oberland

Der gesamte Ausbau Helgolands zur »Seefestung« war von einem leistungsfähigen Transportweg abhängig, auf dem die Baumaterialien vom Unterland aufs 50 Meter höher gelegene Oberland befördert werden konnten. Zu diesem Zweck trieb man am Ende der Marinemole einen 300 Meter langen Tunnel in den Fels – 4,80 Meter breit, mit einer maximalen Deckenhöhe im gewölbten Tunnelquerschnitt von 5,20 Meter und einem Gefälle von 17 Prozent.
Um die starke Steigung zu überwinden, nahm man Technik zu Hilfe, die sich beim Bergbahnbau bewährt hatte. Im Maschinenhaus am oberländischen Tunnelausgang wurde eine elektrische Förderwinde installiert, die zwei Endlosseile unter den Gleisen antrieb. An beiden Tunnelausgängen befanden sich unter den Gleisen Umlenkrollen, um die die Seile in Gegenrichtung geführt wurden. Die Seile waren mit Fanghaken ausgerüstet, an die die zu befördernden Fahrzeuge mittels Kette nach oben gezogen wurden.

Versorgungstunnel zwischen dem Ober- und Unterland, um 1940

Zugang zum neuen Tunnel für den Warenverkehr zwischen Mittel- und Oberland, 2012

Ab 1911 wurden in der Mitte des Tunnels noch zwei einzelne Gleise verlegt; es lagen also drei Meterspurgleise im Tunnel. So war es möglich, unter Ausnutzung der maximalen Tunnelhöhe und seiner gesamten Breite auch die sperrigsten Panzergeschütze und die auf dem Oberland benötigten Dampfloks auf das Felsenplateau zu transportieren.
Aus Geheimhaltungsgründen und unter Androhung drastischer Strafen war es strengstens verboten, militärische Anlagen zu fotografieren. Deshalb sind nur wenige Bilder der Tunnelanlage aus dieser Zeit überliefert.
Die Streckenführung des heutigen Tunnels entspricht in Teilen dem Verlauf des historischen Verbindungstunnels, beginnt aber nunmehr auf dem Mittelland, das 1947 durch den »Bing Bang« entstanden ist, und ist dadurch erheblich kürzer als die alte.

Anhang

Literatur

Bajohr, Frank: »Unser Hotel ist judenfrei« – Alltagsantisemitismus in Bade- und Kurorten im 19. und 20. Jahrhundert, Bonn 2007.
Sehr umfassendes Werk zum Antisemitismus in deutschen Bädern.

Friederichs, Astrid: Wir wollten Helgoland retten, Helgoland 2010.
Erste umfassende Darstellung des Helgoländer Widerstands und der Beteiligten.

Fröhle, Claude/Kühn, Hans-Jürgen: Hochseefestung Helgoland. Eine militärgeschichtliche Entdeckungsreise, 2 Bände, Herbolzheim 1998/99.
Standardwerk zur militärischen Bebauung und Bewaffnung Helgolands im Ersten und Zweiten Weltkrieg.

Greiner, Rudolf: Bericht über die Verwaltungs- und Finanzgeschäfte der Gemeinde Helgoland 1939–1945, unveröffentlichtes Manuskript, Museum Helgoland
Bericht des verantwortlichen Mitarbeiters an seine vorgesetzte Dienststelle.

Herms, Michael: Flaggenwechsel auf Helgoland. Der Kampf um einen militärischen Vorposten in der Nordsee, Berlin 2002.
Reich bebilderter Band zur politischen Entwicklungsgeschichte Helgolands.

Kropatscheck, Walter: Nächte und Tage auf Helgoland, Helgoland 1972.
Schilderungen des ehemaligen Inselarztes.

Leudesdorff, René: Wir befreiten Helgoland, Bremen 1996.
Bericht über eine der ersten erfolgreichen gewaltfreien Aktionen in der deutschen Nachkriegsgeschichte.

Marshall, Francis L.: Messerschmitt Bf 109T. Die Jäger der »Graf Zeppelin«. Gilching 2002.
Enthält eine ausführliche Darstellung der Einsätze auf dem Flugplatz Düne.

Chronik

1807	England annektiert die zuvor dänische Insel.
1826	Jacob Andresen Siemens gründet das Seebad Helgoland.
1841	Hoffmann von Fallersleben schreibt das Deutschlandlied auf der Insel.
1890	1. Juli: Helgoland kommt durch den Helgoland-Sansibar-Vertrag zum Deutschen Reich.
1891	Beginn des Ausbaus zur Seefestung.
1914	Evakuierung der Bevölkerung zu Beginn des Ersten Weltkrieges.
1919	Beginn der Demilitarisierung (bis 1921).
1935	Beginn des erneuten militärischen Ausbaus.
1939	1. September: Beginn des Zweiten Weltkrieges.
1945	18. April: Die Insel wird durch einen alliierten Großangriff völlig zerstört.
1946	Die Briten nutzen Helgoland bis 1952 als Bombenabwurfplatz.
1947	18. April: »Big Bang«: Die Briten zerstören mit der größten nichtnuklearen Detonation der Welt die militärischen Anlagen auf der Insel.
1950	ab 20. Dezember: Friedliche Besetzung der Insel.
1952	1. März: Wiederfreigabe der Insel – Helgoland gehört zur Bundesrepublik.
1964	Der Wiederaufbau ist abgeschlossen.
Heute	Helgoland wird Offshore-Service-Insel.

»Orte der Geschichte«, herausgegeben von Martin Kaule
Weitere Bände – je 5,00 € (D); 5,20 € (A):

Peenemünde
Vom Raketenzentrum zur Denkmal-Landschaft
ISBN 978-3-86153-764-9

Hamburgs Bunker
Dunkle Welten der Hansestadt
ISBN 978-3-86153-799-1

Olympiastadion Berlin und Olympisches Dorf Elstal
ISBN 978-3-86153-766-3

Gedenkstätte Lindenstraße
Vom Haus des Terrors zum Haus der Demokratie
ISBN 978-3-86153-803-5

Prora
Geschichte und Gegenwart des »KdF-Seebads Rügen«
ISBN 978-3-86153-767-0

Wolfsschanze
»Führerhauptquartier« in Masuren
ISBN 978-3-86153-768-7

Westwall
Von der Festungslinie zur Erinnerungslandschaft
ISBN 978-3-86153-769-4

Nürnberg
Reichsparteitagsgelände und Justizpalast
ISBN 978-3-86153-772-4

Dank

Besonderer Dank für die Unterstützung geht an die fachkundigen Mitarbeiter und Mitarbeiterinnen des Alfred-Wegener-Instituts, der Biologischen Anstalt Helgoland sowie der Vogelwarte Helgoland.

Der Autor

Jörg Andres
Jahrgang 1957; 1978 bis 1981 technische Ausbildung in Hamburg; nach mehrjährigen Reisen durch Deutschland und Europa seit 1986 für unterschiedliche nationale und internationale Unternehmen im technisch-kaufmännischen Bereich tätig; seit 1998 Mitarbeiter im Museum Helgoland; seit 2012 Museumsleiter.